AF440389

LA PAIX OU LA GUERRE

PARIS. — Typographie JANNIN, quai Voltaire, 15.

PRIX : 60 CENTIMES

LA PAIX

OU

LA GUERRE

PAR

HENRI MATHIEU

Historique de la Situation.
Attentats de la Prusse contre le droit public.
Fausse politique de la France. — Désastreux résultats du gouvernement personnel.
L'unité allemande et le joug prussien.
État précaire de l'Europe. — Amoindrissement de la France.
La paix hérissée de baïonnettes. — Causes permanentes de guerre.
Solutions équitables. — Le droit des peuples. — La liberté.

PARIS

CHEZ TOUS LES LIBRAIRES

ET CHEZ L'AUTEUR, RUE LEGENDRE, 52

1869

LA PAIX OU LA GUERRE

I

Il y a cinq ans à peine, on vit deux grands États se jeter sur le Danemark, sous un prétexte tiré de la fable du *Loup* et de l'*Agneau*, pour lui arracher des provinces dont la possession lui était garantie par des traités solennels.

La France, ne pouvant agir seule, essaya, par sa diplomatie, d'empêcher cette inqualifiable agression, ou du moins d'en limiter les effets ; mais ses représentations à la Prusse eurent le même succès que celles qu'elle avait précédemment faites à la Russie en faveur de la Pologne.

L'Angleterre, autant que nous, déplora la monstrueuse coalition que de basses convoitises avaient formée contre le Danemark ; mais la politique napoléonienne, — à tort ou à raison, — ne lui inspirait aucune confiance, et, pour rien au monde, elle ne se fût associée à nous dans un but quelconque.

Le gouvernement russe aurait pu s'interposer plus efficacement peut-être en faveur du Danemark ; mais l'opinion de la Russie, qui pèse de quelque poids dans les conseils du Czar, exigeait que les Danois fussent punis des sympathies qu'ils avaient montrées à la France pendant la guerre de Crimée. Tout se tournait ainsi contre ce malheureux peuple, jusqu'à son amitié pour nous, et le vieil adage : « Que la France vous protége ! » put être considéré, non sans raison, par un journal anglais, comme équivalant à cette autre formule : « Que le diable vous emporte ! »

L'Autriche, il faut le reconnaître, ne s'était prêtée à une action commune avec la Prusse que pour sauver la paix en Allemagne et empêcher son *alliée* de disposer seule des provinces envahies. Elle espérait arriver à un prompt arrangement de toutes les difficultés par la séparation du Holstein de la couronne de Danemark, et sa constitution en principauté indépendante, sous un prince allemand ; mais elle comptait seule.

Ce que la Prusse voulait avant tout, c'était le port de Kiel, qui lui assurait un débouché avantageux sur la Baltique et toutes les ressources nécessaires pour fonder un grand arsenal ; mais elle dissimulait encore ses convoitises sous le manteau de l'*intérêt allemand*, et protestait avec indignation contre les journaux étrangers qui osaient mettre en doute sa loyauté et son parfait désintéressement.

Le Danemark, abandonné à ses seules forces, succomba après une lutte héroïque, et l'acte de brigandage dont il était victime fut célébré à Berlin comme un fait glorieux.

Les souverains de l'Europe ne protestèrent pas contre l'iniquité qui s'était accomplie sous leurs yeux, avec ou sans leur approbation ; et de quel droit eussent-ils protesté? Le cauteleux Guillaume leur eût rappelé sans doute que Victor-Emmanuel avait pareillement envahi, sans déclaration de guerre, les États du roi de Naples son neveu, et que cette façon d'agir n'avait soulevé aucune objection de leur part.

Il est bien certain que, dans les deux cas, la morale et le droit des gens avaient été indignement outragés ; mais, telle est de nos jours l'oblitération des caractères que, parmi ceux qui réprouvent le coup d'État du 2 décembre, il en est beaucoup qui glorifient les moyens employés pour faire l'unité italienne, sans se douter que leur théorie peut se retourner contre eux.

Au moment même où la Prusse envahissait les duchés, le roi Guillaume, qui se proposait d'en revendiquer l'héritage et voulait écarter les autres concurrents, proclamait la légitimité des droits du Danemark à leur possession.

Au mois de mai 1864, les envahisseurs avaient triomphé ; mais l'Autriche, qu'on tenait à tromper quelque temps encore, occupait le Holstein, où la population allemande avait acclamé, malgré la Prusse, le prince d'Augustembourg. Dans l'incertitude des événements, il convenait de tout ménager ;

aussi M. de Bismark disait-il aux députés prussiens que le prince d'Augustembourg *pouvait avoir des droits* à la succession des duchés.

L'empereur Alexandre, qui descend aussi d'une branche de Holstein, ayant déclaré qu'il cédait *ses droits* au duc d'Oldenbourg, M. de Bismark n'hésita pas à reconnaître, devant les mêmes députés, que ce prince *avait aussi des droits* à la possession des deux provinces.

Au mois de décembre de la même année, nouvelle évolution du ministre prussien, qui possède évidemment, comme feu M. de Morny, *les parties maîtresses de l'homme d'État*. La France était entravée alors par le Mexique, la Russie par la Pologne, et l'on savait que l'Angleterre se bornerait à donner des conseils qu'on se proposait bien de ne pas suivre. M. de Bismark déclara donc que, dans sa conviction, le roi de Prusse avait *plus de droits* que tous les autres candidats à la succession des duchés, mais qu'on ne pouvait se prononcer définitivement à cet égard avant que les syndics de la couronne eussent fait connaître leur avis.

Il va sans dire que les syndics de la couronne reconnurent les droits du *Loup ;* aussi M. de Bismark annonça-t-il solennellement, le 6 avril 1865, que la Prusse avait sur les duchés *des droits incontestables*.

L'Autriche cependant n'en parut pas convaincue, et elle occupait toujours le Holstein ; mais le Danemark, dont la Prusse écrasait les populations, se résigna enfin à traiter avec ses ennemis et leur abandonna les provinces qu'il ne pouvait plus défendre. M. de Bismark fit alors cette déclaration qui allait devenir le point de départ d'une situation nouvelle dont il comptait bien que la Prusse retirerait seule tout le bénéfice :

« Avant la paix de Vienne, le roi Christian était le souverain légitime des duchés ; mais la Prusse et l'Autriche *ont acquis tous ses droits*. »

Le Danemark avait subi la loi que les spoliateurs lui avaient imposée, et de cette façon, d'après M. de Bismark, ils étaient devenus *ses héritiers légitimes !*

L'un de ces *héritiers* était l'empereur d'Autriche ; mais le roi Guillaume se préparait depuis longtemps à en hériter aussi, et par des moyens analogues.

Ses armements poursuivis sans relâche et dans le plus grand secret lui permettaient d'espérer que son confiant allié serait anéanti avant d'avoir eu le temps de se mettre en défense. Les ingénieurs prussiens, dès 1864, avaient exploré la Bohême et poussé la prévoyance jusqu'à prendre la mesure des ponts qu'on pourrait avoir à traverser, afin d'en préparer d'autres dont il ne resterait qu'à joindre les pièces pour remplacer ceux que les Autrichiens viendraient à couper en se retirant.

Le roi de Prusse, dans ce temps même, recherchait toutes les occasions de se rencontrer avec l'empereur François-Joseph et de l'entretenir dans la plus complète sécurité.

On a dit plus tard que l'Autriche aurait dû voir les piéges qui l'enveloppaient déjà de tous les côtés ; mais, qui eût pu imaginer que ce vieux Guillaume, si débonnaire en apparence, machinait la ruine du jeune souverain qu'il embrassait avec tant d'effusion et qui s'était habitué à le considérer comme un père ?

II

Cette comédie honteuse dura jusqu'au jour où la Prusse eut terminé ses préparatifs et conclu avec l'Italie une ligue offensive et défensive. Alors elle leva le masque et prétendit que l'Autriche la menaçait *par ses armements !!!*

L'Autriche, absorbée dès cette époque par ses difficultés intérieures, n'aspirait qu'à vivre en paix avec tous ses voisins, et il fallait une rare impudence pour transformer en plan d'agression cette scrupuleuse fidélité aux devoirs internationaux et ces tendances pacifiques qui étaient les bases de sa politique ; mais la Prusse ne pouvait avouer ses véritables motifs sans soulever la réprobation universelle, et, pour atteindre son but, elle devait accumuler les mensonges. C'est la seule excuse que puisse invoquer ce roi Guillaume, qui a donné au monde un si répugnant spectacle.

Pour colorer ses inventions d'un semblant de réalité, la Prusse acheva de se mettre sur le pied de guerre, et l'Italie, de son côté, affecta de croire que les prétendus armements de l'Autriche se faisaient à son intention, ce qui lui permit d'achever au grand jour les préparatifs qu'elle poursuivait secrètement depuis la signature de son traité avec la Prusse.

L'Autriche, fort étonnée de ces accusations que rien de sérieux ne pouvait motiver, crut d'abord qu'elles résultaient d'un malentendu et envoya des notes pour se justifier ; mais elle comprit enfin qu'on en voulait à son existence, et prit à la hâte ses mesures pour résister à la double agression dont elle était menacée.

Une note très-curieuse, remise à cette époque au gouvernement italien par le ministre du roi Guillaume à Florence, montre avec quelle habileté le gouvernement prussien avait ourdi ses trames, et comment il voulait diriger ses coups.

« En peu de jours, dit M. d'Usedom, l'Italie et la Prusse, *dans leur cause commune contre l'Autriche,* en appelleront à la décision des armes. Le gouvernement du roi est persuadé que le commencement des hostilités en Allemagne sera immédiatement suivi de la déclaration de guerre italienne. La Prusse connaît trop *les sentiments de loyauté* qui animent le gouvernement du roi Victor-Emmanuel pour concevoir à cet égard le moindre doute. Cette *solidarité* et cette simultanéité d'action devront, d'après les vues du gouvernement prussien, se continuer dans tout le cours de la campagne. En *bonnes alliées,* les deux puissances devront vouer à leurs opérations respectives un intérêt constant et réciproque... Le système de guerre que la Prusse propose à l'Italie est celui d'une *guerre à fond ;* les deux alliées chercheront à pousser leur adversaire jusqu'à ses dernières ressources...

« Le gouvernement prussien *a fait étudier la question hongroise,* et il a acquis la conviction que ce pays, soutenu par l'Italie et la Prusse, leur servira à son tour de chaînon de ralliement. *D'après tous les renseignements parvenus au gouvernement prussien,* une expédition de volontaires italiens, placée sous les ordres du général Garibaldi et dirigée sur la côte orientale de l'Adriatique, trouvera parmi les Slaves et les Hongrois une réception des plus cordiales. Par suite, les régiments croates et hongrois de l'armée autrichienne refuseront bientôt de se battre contre des armées reçues en amies par leur propre pays.

« Le gouvernement prussien, *pour toutes ces raisons,* attache une haute importance à *l'affaire hongroise,* et à l'action combinée *sur ce terrain* avec l'Italie *son alliée...*

« L'Autriche perdra à mesure que nous gagnerons, et les coups qui alors lui seront portés ne frapperont plus ses extrémités, mais son cœur. »

Cette note clandestine, dont la production donna lieu à des débats très-vifs dans la chambre des députés de Florence en 1868, n'eut pas moins de retentissement en France qu'en Italie, et M. de Girardin publia à son sujet, dans *la Liberté* du 29 juillet, un remarquable article dont les passages suivants peuvent être médités :

« Quel avertissement donné à la France que cette guerre sournoise, qualifiée de *guerre à fond,* ténébreusement préméditée contre l'Autriche et proposée à l'Italie par la Prusse ! Si l'on appelait les choses par leur nom, cette *guerre à fond,* on l'appellerait un *complot ;* le *traité* entre la Prusse et l'Italie, on l'appellerait un *marché ;* leur *alliance,* on l'appellerait une *complicité...*

« Le témoignage de M. d'Usedom ne permet plus de s'abuser ! Quiconque a pour voisin et rival le gouvernement prussien, étant exposé à l'avoir pour ennemi, doit s'attendre à tout de sa part, car le masque tombé prouve que la Prusse ne recule devant rien. Toute confiance serait duperie, car *tout moyen lui est bon* pour atteindre son but. Gouvernement féodal et de droit divin, il désunira, s'il peut, ce que le même sceptre a uni, et sèmera la défection ; s'il trouve avantageux de flatter la Révolution, il ira au-devant d'elle, il la flattera et la déchaînera sans scrupule.

« La Prusse ambitionnait de s'emparer du port de Kiel et de soumettre l'Allemagne fédérale à l'unité de son despotisme militaire. Ce double but, la Prusse ne l'eût point atteint si elle eût agi seule. Elle chercha donc, en Europe, quel ambitieux elle pouvait se donner pour allié secret, et elle a trouvé le roi Victor-Emmanuel, auquel il lui a suffi de dire : « Aidez-moi à chasser « l'Autriche de l'Allemagne, et je vous aiderai à la chasser de l'Italie ; « aidez-moi à prendre le Hanovre, que je convoite, et je vous aiderai à vous « emparer de la Vénétie, que vous brûlez de posséder (1). »

(1) C'est bien cela, mais quelle ignominie ! Et ne trouve-t-on pas que les voleurs de grand chemin sont, par comparaison, de fort honnêtes gens ?

Une *correspondance*, adressée de Vienne au *Tages-Post* de Gratz le 3 mai 1869, disait : « Si jamais M. de Beust se décidait à publier les documents relatifs aux négociations qui précédèrent la guerre de 1866, le monde serait bien autrement surpris qu'il ne l'a été par la dépêche du ministre de Prusse à Florence. Le chancelier de l'empire a en mains des documents qui prouvent que la Prusse négociait déjà au sujet d'une alliance avec l'Italie au moment où le roi Guillaume embrassait à Gastein l'empereur François-Joseph, qu'il appelait *son frère*. »

Toutes les correspondances de Hongrie et de Bohème que publient les journaux, au moment même où nous écrivons ces lignes, signalent les manœuvres mises en jeu sur tous les points par les agents de la Prusse pour exciter des soulèvements contre l'Autriche, et le dégoût qu'elles excitent au sein des braves populations de ces deux pays, indignées du rôle que voudrait leur faire jouer une politique infâme.

<h1 style="text-align:center">III</h1>

La Prusse débuta, comme on sait, par expulser du Holstein le contingent autrichien qui occupait cette province au nom de la Confédération, et chercha ensuite à intimider la Diète pour l'obliger à sanctionner ses violences. Cette tentative ayant échoué, elle déclara le pacte fédéral aboli, et envoya des notes menaçantes à la Saxe, au Hanovre et à la Hesse, pour les empêcher de remplir les devoirs qu'il leur imposait. On connaît le reste.

L'invention des fusils à aiguille, dont la Prusse avait soigneusement gardé le secret, et celle de nouveaux canons se chargeant par la culasse, mettaient en ses mains de terribles agents de destruction dont les Allemands, naguère ses confédérés, devaient être les premières victimes. Elles expliquaient son audace et lui assuraient des triomphes décisifs, malgré la bravoure de ses adversaires et l'incapacité de ses propres généraux, qui éclatèrent également dans toutes les rencontres.

On vit alors des journaux français se déclarer pour la Prusse ; mais l'opinion publique, — il faut le reconnaître à son honneur, — ne les suivit pas. Dans toutes les circonstances où elle put se manifester, elle protesta, au contraire, contre cette approbation donnée à des actes qui soulevaient la conscience, et nous en avons eu la preuve dans la facilité avec laquelle s'accrédita le bruit que les défenseurs de la Prusse avaient été achetés par elle. Ils protestèrent, on ne les crut pas ; et, dans le scrutin qui vient de laisser un député de la Seine sur le carreau électoral, vous retrouverez encore une suite de cette vieille prévention que rien n'a pu déraciner : tant il est vrai qu'on ne froisse amais impunément le sens moral d'un pays.

Après la bataille de Sadowa, M. Benedetti, ministre de France à Berlin, se rendit au quartier-général du roi Guillaume pour lui soumettre une proposition d'armistice recommandée par Napoléon III ; et le monarque prussien, en réponse, télégraphia immédiatement à Paris « que les événements mili- « taires faisaient une nécessité d'un accroissement de territoire de la Prusse « *aux dépens de ses ennemis de l'Allemagne du Nord*, et qu'elle ne pour- « rait accepter d'armistice que sur ces bases. »

« Le roi tient *avant tout* à des annexions, » écrivait en même temps M. de Bismark au comte de Goltz, ambassadeur de Prusse à Paris.

A de telles exigences qui impliquaient la destruction de plusieurs États reconnus par tous les traités, et dont la conservation importait à l'équilibre européen, il n'y avait qu'une réponse qui fût digne de la France : c'était de signifier au roi Guillaume qn'on ne reconnaîtrait jamais une telle violation du droit public ; mais il eût fallu, pour l'appuyer, se trouver en mesure de porter 200,000 hommes sur le Rhin.

On avait vu, au début de la guerre, les Bavarois, les Hanovriens, les Saxons tenir tête aux Prussiens dans les conditions les plus défavorables et les obliger même à reculer. Il est assez probable que les Français n'eussent été inférieurs à l'occasion ni aux uns ni aux autres.

L'armée prussienne, affaiblie par les pertes qu'elle avait faites, décimée par les épidémies et n'ayant plus qu'un matériel délabré, n'était pas, à beau- coup près, aussi redoutable qu'on l'a prétendu.

Le roi Guillaume, dans ces conditions, se fût bien gardé de pousser les choses à l'extrême, et n'aurait pas aujourd'hui sur la conscience tous les méfaits qu'on peut lui reprocher ; mais on se borna à lui recommander la modération, et à solliciter de sa générosité quelque diminution dans le chiffre de l'indemnité qu'il exigeait de l'Autriche.

La Prusse, réclamant les frais de guerre aux États qu'elle avait attaqués sans provocation, couronnait dignement la série d'attentats qu'avait inau- gurée sa trahison contre l'Allemagne ; mais on doit s'étonner que cette ignoble farce n'ait pas soulevé contre ses auteurs la réprobation uni- verselle.

Le monarque prussien poussa, comme on sait, l'hyperbole jusqu'à faire honneur à la Providence du succès de ses fourberies (1).

Le 26 septembre 1866, le royaume de Hanovre, l'électorat de Hesse, le

____

(1) Un journal anglais publia à cette occasion l'apologue d'un commerçant |qui falsi- fiait toutes ses denrées. Son garçon de boutique, initié par lui aux fraudes du métier, préparait la veille celles dont les consommateurs devaient être victimes le lendemain, et lorsque cette besogne malhonnête était finie, le patron lui disait : « Allons maintenant à la prière. »

duché de Nassau et la ville libre de Francfort sont annexés à la monarchie prussienne, sans autre formalité qu'un décret signé du spoliateur. Un article spécial du traité de Prague avait garanti l'intégrité de la Saxe, et la Prusse lui laissa provisoirement quelques simulacres d'autonomie, comme aux autres États de la prétendue *Confédération du Nord*. Une autre clause du même traité stipulait la restitution au Danemarck de la partie scandinave du Sleswig; mais le roi Guillaume n'en tint aucun compte.

La Chambre des députés de Prusse déclara légitimes ces *acquisitions* opérées par la violence, et repoussa l'appel aux populations que demandait un homme antique égaré parmi ces bas flatteurs de la force triomphante.

Des maximes qui faisaient revivre le droit de conquête dans toute sa rigueur primitive furent proclamées à cette occasion dans la Chambre prussienne : « Le droit d'annexion, s'écria un orateur, est inhérent à la guerre, et durera autant qu'elle! »

Les sophistes de l'antiquité avaient des arguments de même valeur pour légitimer l'esclavage et toutes les violences exercées contre les vaincus.

Un journal français qui s'intitule *l'Opinion nationale* trouva très-juste que la Chambre prussienne se fût arrogé le droit de prononcer sur le sort de populations étrangères à la Prusse et même à l'Allemagne : « Les pays annexés *pourront*, dit-il, réclamer la liberté, et ils l'obtiendront sans doute, *s'ils s'en montrent dignes.* »

Les Polonais du grand-duché de Posen, qui la réclament en vain depuis tant d'années, n'en sont évidemment pas dignes, d'après *l'Opinion nationale*, car les Prussiens, leurs maîtres, au lieu de les rendre libres, les ont dépouillés de tous les droits que les traités de 1815 leur avaient garantis.

IV

A la nouvelle de la paix de Prague, un historien national s'écria : « Nous gravitons vers l'état de guerre ! » Et tous les faits depuis lors ont justifié son appréciation. Cette grave question de paix ou de guerre ne s'assoupit de temps à autre que pour se réveiller plus vive à chaque incident nouveau, et nous condamne à rester dans cette situation que M. Rouland a définie, dans un discours au Sénat, « la défiance de l'avenir, le cauchemar de l'incertitude, la dépression universelle. »

Tous les organes de l'opinion publique, en France comme au dehors, signalent cette inquiétude obstinée des esprits et des intérêts. L'anxiété est générale, et les peuples l'éprouvent au même degré que les gouvernements. On convient que l'état actuel, avec ses armements fiévreux et ses crises incessantes, ne peut durer ; mais on cherche en vain les moyens d'en sortir, et toutes les solutions imaginées jusqu'à ce jour aboutissent à des impasses.

C'est que l'imminence d'un conflit ne tient pas, comme on l'a prétendu, à telles ou telles considérations, mais dérive de causes générales. La constitution toute provisoire de l'Europe manque des conditions qui seules peuvent garantir la stabilité des rapports politiques entre les États. La Prusse a donné le coup de grâce aux traités de 1815 qu'elle avait forgés contre nous, mais en conservant tous les avantages qu'ils lui avaient accordés à notre détriment, en les augmentant même par l'annexion de Mayence ; et comme ces traités n'ont été remplacés par aucun autre pacte, et que le droit nouveau inauguré par la Prusse : l'écrasement des faibles par les forts, ne peut servir de base aux conventions internationales, il s'ensuit que nous n'avons plus de droit public.

M. Peyrat, qui défendit la Prusse en 1866, dit à ce sujet dans l'*Avenir national* du 13 novembre 1867 :

« Le droit ancien n'existe plus, et le droit nouveau est partout méconnu. La force seule décide les questions. Les traités sont violés aussitôt que conclus. Il n'y a plus de principe supérieur et généralement accepté qui protége le faible contre le fort. »

Une opinion analogue se trouve exprimée dans la *France* du 17 février 1869 :

« On est très-fatigué, dit ce journal, de la situation incertaine et précaire où se traînent nos relations extérieures. Ce n'est pas la guerre, mais ce n'est pas la paix ; c'est un état d'observation inquiète et de mutuelle défiance où les coups d'épingle remplacent les coups d'épée. Personne assurément n'est plus pacifique que nous ; mais il faut bien reconnaître que cet état d'incertitude qui compromet tous les intérêts et alarme tous les esprits est intolérable. »

Vers la même époque, on lisait dans la *Gazette de Vienne :*

« L'instabilité de l'ordre européen oblige tous les gouvernements à rester en armes, afin de se trouver en mesure de parer à des éventualités *toujours imminentes.* »

M. de Beust travaillait alors à augmenter l'armée autrichienne, et, pour démontrer la nécessité des mesures préservatrices, il signalait à la Diète l'état général de l'Europe et l'incertitude qui régnait sur les intentions de la Prusse.

Il y a quelques mois enfin, M. de Bismark avouait à ses députés que l'équilibre européen reposait sur une pointe de baïonnette ; mais, suivant son habitude, il renvoyait à la France et à l'Autriche la responsabilité de cet état de choses : « De tous côtés, disait-il, nous apercevons une agitation croissante de passions hostiles à la Prusse et des menaces de guerre chaque jour plus évidentes. »

Et il partait de là pour demander de nouveaux crédits pour l'armée *fédérale.*

C'est de ce nom que le ministre du roi Guillaume appelle encore les forces de l'Allemagne du Nord alignées sous le commandement de son maître.

L'Europe pourrait aujourd'hui s'écrier, comme le dernier roi des Lombards à la vue des troupes de Charlemagne : « Que de fer, grand Dieu ! que de fer ! » Mais ce qu'il y a de curieux, c'est que, tout en armant à outrance, chacun proteste de son amour pour la paix. « Il faut nous tenir prêts et armés, disait, il n'y a pas longtemps, le général italien Menabrea, car de tous les côtés on échange des assurances pacifiques. »

M. Guizot, conseillant la paix, dans la *Revue des Deux Mondes* du 15 septembre 1868, se demande à quoi tient cette extrême difficulté d'y croire qui pèse partout sur les esprits, et il en trouve la raison dans l'antagonisme que les événements de 1866 ont suscité entre la Prusse et la France.

L'incrédulité des esprits vis-à-vis des assurances pacifiques est pleinement justifiée par la situation qui l'a fait naître, et ne cessera qu'avec elle.

V

Le traité de Prague a inauguré en Allemagne un état violent, contre nature, qui n'est ni la paix ni la guerre, et qui, à certains égards, est pire que la guerre. Il a agrandi considérablement la Prusse aux dépens de ses voisins, mais n'a pas fondé l'unité germanique, qui ne peut devoir son origine à un monstrueux attentat ourdi et perpétré contre l'Allemagne. Est-ce que par hasard les royaumes de Saxe et de Hanovre, la Hesse et Francfort se sont volontairement annexés à la Prusse? N'avaient-ils donc pas le sentiment national, ces héroïques défenseurs de la patrie allemande qui tombèrent sous les balles prussiennes aux champs de Langensalza et d'Aschaffembourg? Les vrais Allemands seraient donc alors ces Slavons germanisés, issus des Sarmates *Borusses* ou *Parusses*, célèbres dans l'antiquité par leur goût pour la chair humaine, et qui portent aujourd'hui le nom de Prussiens? Mais les descendants des Germains se trouveraient alors dans la même situation que les Polonais vis-à-vis des Russes, et pour rester fidèle aux traditions historiques, il faudrait appeler l'Allemagne *Sarmatie!* Cette déchéance et ce suicide d'un grand peuple nous semblent impossibles.

Le roi de Prusse a poursuivi son but déloyal à l'aide de moyens que l'honneur flétrit chez tous les peuples de l'univers; violateur du droit public et de la foi jurée, spoliateur des princes allemands ses confédérés qu'il trompait de longue date par de faux semblants d'amitié, il osa parler, une fois repu, de son amour pour la patrie allemande qu'il avait saignée aux quatre veines, et de sa résignation à la volonté divine! Mais un long cri d'horreur lui répondit sur tous les points où la terreur prussienne ne pouvait comprimer le sentiment public, et les Allemands eux-mêmes firent justice de cette prétendue raison du *but national* qu'invoquait le monarque prussien pour justifier ses attentats. Après le roi de Hanovre, dont on connaît la protestation si digne et si fière, l'Électeur de Hesse-Cassel, également dépouillé de sa couronne et de ses biens, fit appel à l'opinion du monde civilisé, et constata qu'il n'avait jamais donné prétexte aux hostilités de la Prusse :

« Je n'ai fait, dit le prince-Électeur, qu'obéir aux devoirs que m'imposait « la fidélité à la foi jurée, et ne pouvais reconnaître que la rupture du pacte « fédéral résultât de ce seul fait que la Prusse le jugeait contraire à ses « intérêts particuliers. C'est donc sans cause, *et sans déclaration de guerre*, « que la Hesse a été écrasée par l'armée prussienne, et que moi-même j'ai « été conduit en captivité et dépouillé de ma couronne. Je ne puis voir par « conséquent dans cette conduite contre moi et contre mon pays autre chose « qu'un *fait* dépourvu de toute justice.

« Tandis que je me fiais aux déclarations *réitérées* de Sa Majesté Prus-« sienne : *que ce n'était qu'avec douleur et par nécessité politique qu'Elle* « *avait pu se résoudre à ce qui s'était accompli contre de proches parents,* « on procédait par son ordre à la confiscation de ma fortune privée. Il m'est « impossible de considérer *l'enrichissement de la couronne de Prusse* à « l'aide des biens de la maison Électorale comme politiquement nécessaire à « *l'intérêt germanique,* et je ne vois pas quel rapport peut avoir *le but na-* « *tional de la patrie allemande* avec la spoliation de mes domaines et de « tout ce qu'ils renferment. »

Le roi Guillaume ne se dissimula pas l'effet moral que pouvait produire cette accusation de mauvaise foi et de brigandage à main armée, portée contre lui par un prince légitime qu'il avait dépossédé, et chercha à se justifier en invoquant une maxime de Machiavel : « Je déplore vivement, répondit-il à une députation de la ville de Cassel, *d'agir comme je le fais* envers une maison princière et parente, étroitement unie à la Prusse par une domination de plusieurs siècles; mais *la tâche nationale* que la Prusse a entreprise ne me permettait pas d'agir autrement. »

Les déprédations du roi Guillaume et de ses illustres fils, la spoliation des tableaux et objets précieux, des meubles et de la cave d'un prince allié, se confondaient ainsi avec le *but national* de l'Allemagne ; et c'est en vertu du même principe que les Danois du Sleswig sont maintenus sous le joug prus-sien, au mépris du traité de Prague signé par la Prusse ; que les Polonais du grand-duché de Posen sont dépouillés de leur existence nationale et déclarés Prussiens, malgré leurs protestations, et que le patriotisme allemand lui-même est condamné comme hostile au but national s'il ne revêt pas la livrée prussienne.

Le *but national* de la Prusse se manifeste sous son vrai jour dans cette dépêche adressée au comte de Goltz par M. de Bismark en 1866 :

« Le roi attache *moins de prix* à la constitution d'une confédération politique de l'Allemagne du Nord *qu'à des annexions.* »

La Prusse, disait le *Siècle* du 8 février 1869, a trompé la nationalité allemande, et ne lui donnera jamais que des maîtres.

Les pays allemands déjà soumis au joug prussien ont pu se convaincre en effet qu'ils étaient simplement rivés à la même chaîne et plus éloignés qu'auparavant du noble but qu'ils poursuivaient : l'union par la liberté.

« Nous savons que nous ne sommes pas aimés ici, a dit le roi Guillaume au bourgmestre de Hanovre le 15 juin 1869 ; mais cela nous est égal. Nous sommes les plus forts et cela nous suffit. »

L'Empereur Napoléon, dans son discours aux Chambres, en 1867, s'est félicité des succès obtenus par la Prusse, parce qu'ils garantissaient la compression énergique des idées *révolutionnaires*, dont le pouvoir personnel ne pouvait pas mieux s'accommoder en Allemagne qu'en France, et le gouvernement prussien a justifié ces témoignages d'estime en bâillonnant la presse allemande, en poursuivant les députés libéraux et les magistrats indépendants.

La suprématie de la Prusse et le but de l'Allemagne sont donc choses bien différentes et radicalement opposées, sous tous les rapports.

VI

Le philosophe, qui regarde la paix comme le premier des biens pour l'humanité, redoute naturellement la guerre comme le plus terrible des fléaux, et applaudit à l'idée de supprimer les armées.

La guerre est assurément un grand mal; car elle dévore les hommes et les capitaux, arrête ou diminue considérablement la production et appauvrit presque toujours les États; elle est même un grand crime quand elle n'est pas nécessitée par la défense d'une cause juste; mais l'idée de sa disparition est encore une chimère à l'heure où nous sommes, puisque le droit des gens n'a pas de sanction plus élevée. Il faut donc faire entrer la bonne organisation militaire d'un pays au nombre de ses moyens de *conservation* et de *progrès*. L'intérêt de la civilisation veut même que les nations les plus éclairées soient aussi les plus guerrières; car elles ont pour mission de défendre le droit public contre les ambitieux, et il en sera ainsi tant qu'il y aura dans le monde des peuples barbares et perturbateurs.

L'honneur et la défense du pays sont donc inséparables, *à l'heure actuelle*, d'une forte organisation militaire, et l'on peut dire que la question de l'armée, à ce point de vue, est la plus importante de celles qui nous préoccupent, puisque notre existence même, si nous n'étions toujours prêts à repousser une agression, serait à la merci des événements. La liberté, dit un ancien, est fille de la sécurité.

Mais on ne peut improviser une armée sans s'exposer à des pertes immenses, et l'humanité souffre, autant que l'économie politique, par des levées de recrues faites à la hâte et qu'on n'a pas eu le temps d'instruire. La victoire, qui ne s'obtenait autrefois que par le choc des masses et la bravoure individuelle des combattants, s'obtient aujourd'hui par la précision des manœuvres et souvent sans en venir aux mains. La stratégie et le bon emploi des machines de guerre exigent des mouvements sûrs et rapides, de l'audace, de l'expérience que les jeunes soldats acquièrent souvent très-vite, mais non du jour au lendemain. Plus d'une déroute a prouvé que les ennemis eux-mêmes sont moins dangereux que des jeunes soldats sans expérience qui se laissent surprendre par l'imprévu et se font tuer inutilement.

Les Américains du Nord, au commencement de leur guerre contre le Sud, n'avaient pour ainsi dire pas d'armée régulière; mais leurs adversaires se trouvaient dans la même situation. Au bout d'un an, des deux côtés, on s'était aguerri, mais après avoir sacrifié, sans résultat, près d'un million d'hommes.

En Russie, comme en Allemagne et en France, nous avons trouvé cette maxime militaire que, pour encadrer les recrues, même dans l'infanterie, il faut de vieux soldats. On disait un jour devant Napoléon Ier qu'il ne fallait que six mois pour former un soldat de terre : « C'est une grave erreur, « répondit-il, et il serait très-dangereux de la propager. Ce ne sont pas les « recrues qui ont remporté des succès dans les premières guerres de la Ré- « volution, ce sont les vétérans de l'ancienne armée. Avec 20,000 vieux sol- « dats, je serais sûr de battre 60,000 recrues. »

Un homme dont la science égalait le patriotisme, le général Koch, a prouvé dans son histoire de nos grandes guerres que cela était vrai; mais il nous a semblé bon de le rappeler pour couper court à des opinions déraisonnables et, malheureusement, trop répandues.

« La faute que la France a commise en laissant s'accomplir à son préjudice la destruction de la Confédération germanique, dont elle avait garanti l'existence comme signataire des traités de Vienne, nous disait M. Thiers le 16 mai 1869, lui fait une nécessité absolue de se maintenir dans une situation imposante. »

Il y a quelques mois, nous lisions dans un journal qui prêche le désarmement :

« L'Europe attend avec anxiété le discours de ce potentat qui tient dans ses mains une force de *douze cent mille hommes* qu'il peut mettre en campagne *à son caprice* (1). »

____

(1) La *Correspondance de Berlin* annonçait tout récemment que la Prusse pouvait disposer de 1,430,000 combattants. Nous verrons plus loin ce qu'il en faut rabattre; mais le chiffre réel n'est pas à dédaigner.

Un autre partisan de la suppression des armées écrit :

« La constitution politique des grands États du continent et le pouvoir presque absolu des souverains sont des risques *permanents* de conflit... Les rois disent encore *mes sujets, mon peuple,* comme ils diraient *mes chiens* ou *mes chevaux,* et peuvent à leur gré déchaîner la guerre. »

Après tant de sacrifices et d'efforts héroïques, les peuples, il est trop vrai, dépendent encore presque partout d'un petit nombre de personnages dont les volontés sont subies comme des arrêts du destin ; mais conçoit-on que dans de pareilles conditions, et quand on sait bien que la France ne serait pas imitée, on lui demande un désarmement qui ferait dépendre son existence nationale du caprice d'un voisin sans foi ni loi? C'est pourtant ce que font tous les jours des hommes bien intentionnés, mais à vue courte. Ils constatent que l'Europe est exposée, comme aux temps féodaux, à être bouleversée par des ambitions sans frein, et ils réclament un désarmement qui laisserait le champ libre à ces appétits désordonnés !

M. Guizot lui-même a signalé les périls d'une situation qui ne laisse à la France d'autre alternative que la guerre ou l'abdication :

« Nous n'avons plus, dit-il (1), sur notre frontière du Nord cette confédération de petits États qui n'avaient ni le pouvoir ni l'envie de nous nuire. Sur le Rhin comme sur les Alpes, nous avons maintenant de puissants voisins qui, *d'un jour à l'autre,* peuvent devenir de redoutables adversaires... La *domination* de la Prusse sur l'Allemagne est un fait grave, *on ne saurait trop le répéter.* »

Il semble dès lors que M. Guizot va se prononcer pour la guerre ; mais, comme en 1840, il préfère encore la paix à tout prix et conseille un désarmement immédiat : « En pratiquant cette politique pacifique, ajoute-t-il, la France aurait *grande chance* de la propager autour d'elle. »

Qui dit *chance* dit tentative *hasardeuse,* et l'on pourrait peut-être la risquer ; mais, si elle tournait mal et provoquait les convoitises de la Prusse au lieu de les calmer, que deviendrait la France ? M. Guizot ne s'en occupe pas ; mais dans ce même article il représente le roi Guillaume comme un homme inaccessible aux considérations morales, ce qui donne à penser que nous aurions en effet de *grandes chances* à courir si, pour désarmer, nous n'avions d'autre garantie que sa parole.

(1) *Revue des Deux Mondes,* 15 mai 1868.

Un écrivain plus conséquent dit à ce sujet :

« Deux grands peuples ne se hasardent pas sans raison s'ils sont maîtres de leurs destinées ; mais les événements ont mis en présence deux gouvernements absolus qui représentent également l'agression organisée et dont les ambitions ne peuvent être contenues par les institutions : la Prusse exaltée par ses triomphes, la France irritée par ses déceptions. »

« Le malaise qui appelle fatalement la guerre, disait récemment la *Presse*, provient de ce que, depuis les derniers remaniements de l'Allemagne, nous sommes découverts sur notre frontière la plus voisine du cœur du pays, et toutes les fois que l'on touche à cette question, on touche à une plaie vive. »

« Il ne faut pas s'y tromper, dit un autre journal, c'est la question du Rhin qui est au fond de toutes préoccupations actuelles. Tant qu'on n'aura pas rasé les fortifications de Mayence, de Cologne et de Coblentz, comme on a rasé celles de Luxembourg, la guerre sera imminente, et l'Europe se verra condamnée à entretenir sous les drapeaux trois ou quatre millions de soldats dont elle pourrait beaucoup mieux utiliser les forces. »

Là est en effet la question que le glaive tranchera lorsque l'impossibilité de la dénouer aura été démontrée, et elle explique l'émotion générale qu'ont successivement occasionnée l'affaire de Luxembourg et l'incident des chemins de fer belges.

VII

La France n'a rien à revendiquer à l'est, au sud et à l'ouest; mais au nord sa frontière naturelle est empiétée, et son flanc ouvert à tous les coups qu'un voisin à l'affût voudra lui porter, en choisissant pour cela le moment favorable.

La Prusse, en 1815, s'est enrichie à nos dépens des provinces rhénanes ; mais elle faisait partie alors d'une Confédération dont nous n'avions rien à craindre et qui n'avait rien à redouter de nous. Les événements de 1866 ont créé une situation toute nouvelle et bien différente en substituant à cet état de choses une monarchie militaire qui ne respecte rien.

Rester dans une telle situation ne serait pas digne de la France, et quand les traités qui la lui ont faite sont déchirés par ceux-là mêmes qui les avaient forgés contre elle, on ne peut la condamner à en supporter seule toutes les conséquences.

« On a beau raisonner, disait à ce sujet le *Times* en septembre 1868, il est impossible de ne pas reconnaître que l'agrandissement de la Prusse, par suite de la dernière guerre, *affecte la position de la France dans le système politique de l'Europe.* La Prusse n'est plus désormais la Prusse de 1815. Elle est toute l'Allemagne du Nord, et tend à devenir l'Allemagne entière. Au lieu de 17 millions d'habitants, elle peut compter sur 40 millions de sujets, de sorte que maintenant la France est limitrophe à un Etat plus puissant qu'elle, sous certains rapports. »

Le *Times*, tout un constatant cet amoindrissement de la France, lui conseille de s'y résigner, comme si elle avait perdu aussi la bataille de Sadowa; et la conséquence pour elle serait en effet la même si elle laissait la Prusse achever son œuvre.

Un ingénieur prussien, le colonel Rudtorffer, écrivait en 1847, dans sa *Géographie militaire de l'Europe :*

« La frontière de la France est *tout à fait ouverte* depuis la mer jusqu'à la Meuse. Les places enlevées à ce pays par les traités de 1815 *en facilitent l'invasion par les provinces les plus fertiles et les plus populeuses.* La Moselle et la Meuse ne sont pas des obstacles. Metz a beaucoup perdu de son importance depuis que Sarreloins a été cédé aux Prussiens, et cette place peut être tournée par la vallée de la Sarre, d'où plusieurs bonnes routes conduisent à Paris.

« Depuis la démolition des murs d'Huningue, ce point de la frontière de France est très-facile à franchir, et le Jura, les Vosges et l'Alsace perdent ensuite toute valeur comme lignes défensives.

« La place de Gémerstein, sur la rive gauche du Rhin, forme avec Landau une position pour ainsi dire inexpugnable dans laquelle une armée de plus de cent mille hommes peut se rassembler, et où des corps moins nombreux peuvent résister à un ennemi très-supérieur. »

Aucune défense artificielle ne peut fermer ce côté de nos frontières, depuis que les places de la rive gauche du Rhin qui le protégeaient autrefois sont entre les mains de la Prusse ; depuis que la citadelle de Landau, construite par Vauban avec l'or de la France, a été convertie par les Prussiens en camp avancé contre elle ; depuis que les formidables ouvrages de Mayence, de Coblentz et de Cologne ne forment pour ainsi dire qu'une ligne de fortifications derrière laquelle les Prussiens peuvent en sécurité réunir contre nous tous leurs moyens d'attaque.

Trèves, qui appartenait à la France au IXe siècle, se trouve dans les mains de la Prusse au XIXe, et n'est qu'à 95 lieues de Paris. Sarrelouis et Landau sont également très-rapprochés du cœur de la France, et, comme le dit très-bien le colonel Rudtorffer, facilitent merveilleusement l'invasion de nos départements les plus industrieux.

Paris se trouve donc à quelques marches seulement d'une frontière ouverte, et il suffirait d'une bataille perdue pour amener l'ennemi sur ses murs ; or, c'est une question fort controversée que celle de savoir si Paris, dans ce cas, pourrait être efficacement défendu. Un général très-compétent ne le croyait pas. Les Prussiens, qui ont aussi étudié cette question, l'ont résolue, en principe, contre nous. Ce qui est bien certain, en tout cas, c'est que nos bassins les plus importants sont ouverts à toutes les agressions, et que nous devons de toute nécessité les fermer. Il n'y a qu'une voix à cet égard dans nos départements du Nord et de l'Est.

Telle est la situation. Napoléon Ier, à qui nous en devons les prémisses, disait à Sainte-Hélène :

« L'Europe ne sera tranquille que lorsque la France sera rentrée en possession de ses frontières naturelles. »

On ne peut assurément lui imposer aujourd'hui des conditions plus désavantageuses qu'à la chute du premier Empire, alors qu'elle succomba épuisée par vingt années de guerre ; car, à cette époque, le Hanovre, Brunswick, la Saxe, Nassau, Hesse-Cassel, Francfort, nous séparaient de la Prusse proprement dite, et Mayence appartenait au grand-duché de Hesse-Darmstadt.

En 1813, les ennemis mêmes étaient unanimes à reconnaître que l'intégrité de la France impliquait la conservation du Rhin : « Les puissances coalisées, écrivait M. de Saint-Aignan le 9 novembre, sont d'accord sur la position que la France doit conserver en se renfermant dans ses limites naturelles, qui sont le Rhin et les Alpes. »

Les traités de 1815 furent inspirés, on le sait trop, par une haine aveugle contre la France ; mais le Congrès de Vienne voulait lui opposer une barrière et non faciliter les empiétements de la Prusse. Il ne prévoyait pas que le pacte fédéral, destiné à garantir la paix, serait foulé aux pieds par l'un des Etats à qui il en confiait la défense, et que l'équilibre dont il était la base ferait place à la situation anormale et périlleuse dans laquelle se trouve en ce moment l'Europe.

VIII

Pendant trop longtemps l'opinion publique égarée a imputé aux Bourbons les traités de 1815 et tous les malheurs que l'insatiable ambition de Napoléon Ier avait attirés sur la France ; mais la vérité s'est enfin dégagée des nuages qui l'enveloppaient, et l'on sait aujourd'hui que, si des sacrifices plus douloureux encore ne furent pas imposés à notre patrie, elle le dut précisément à l'intervention des Bourbons, au respect qu'inspirait, bon gré mal gré, le droit monarchique, dont ils étaient les plus anciens et les plus illustres représentants. Ils arrivèrent, il est vrai, en même temps que les Alliés, mais pour leur disputer la France. « En touchant à ma couronne, disait Louis XVIII à tous ces rois, vous ébranlez la vôtre ! » Il signa la paix après avoir reconquis, — c'est le mot qui convient, — Strasbourg, Metz et Thionville, qu'on voulait nous arracher, et parce qu'il fallait avant tout nous débarrasser de l'occupation étrangère ; mais il ne cessa de revendiquer les anciennes limites de la France, et ce sera son éternel honneur dans l'histoire.

Au mois de novembre 1829, l'empereur Nicolas écrivait au roi Charles X, dont il connaissait les préoccupations patriotiques :

  « Mon Frère,

 « Ce n'est pas la lettre d'un souverain à un souverain que je vous écris, c'est la lettre d'un grand peuple à un grand peuple.

 « *Vous n'avez plus de frontières, vous n'êtes plus une puissance de premier ordre.*

 « Prenez les bords du Rhin et les Alpes ; la France alors sera constituée.

 « Pour moi, il faut que j'aille à Constantinople pour trouver les trois éléments de la richesse, c'est-à-dire l'industrie, le commerce et l'agriculture, dont je suis actuellement privé.

« Faites le traité offensif et défensif, je le signerai à l'instant. Persuadez-vous que vos amis seront mes amis, et vos ennemis seront mes ennemis. Telle est la condition du traité. »

Quel danger eût couru le monde si, à la place de la barbarie ottomane, on avait vu régner à Constantinople le grand-duc Constantin, second fils de l'empereur Nicolas ? Car ce fut à cette combinaison que s'arrêta le Czar.

Les Turcs eux-mêmes auraient accepté comme un bienfait l'installation d'un gouvernement régulier, et, sous l'empire des mêmes lois, auraient vécu en parfaite intelligence avec les chrétiens, comme ils vivent à Négrepont sous la domination de la Grèce, qui n'est cependant pas le parangon des gouvernements, et en Arménie ou en Crimée sous celle de la Russie.

La Belgique, dans la combinaison proposée par l'empereur Nicolas, eût appartenu à la France ; mais c'était précisément ce qu'elle voulait, *à cette époque.*

La France eût retrouvé alors ses conditions de grandeur et de sécurité.

Nous ne possédons pas le texte de la réponse du roi Charles X à l'empereur Nicolas ; mais une dépêche du prince de Polignac à M. de Mortemart, notre ambassadeur à Constantinople, en laisse deviner le sens :

« La Russie, disait le ministre de Charles X, ne peut songer à s'approprier Constantinople sans s'attirer une guerre avec toutes les puissances européennes, et elle considérera d'ailleurs que cette acquisition si éloignée du centre de sa puissance inquiéterait les autres Etats sans ajouter véritablement à sa force.

« Ce fait écarté, il ne reste que la position d'un État chrétien concertée avec les Puissances et dans des conditions propres à calmer les inquiétudes :

« Dans une réorganisation de l'empire ottoman, la France désire avoir les provinces belges jusqu'à la ligne du Rhin et de la Meuse, et recouvrer en Alsace la ligne de frontières qu'on lui a ôtée en 1815.

« *Dans aucun cas, la France ne pourrait souffrir que la Prusse ou l'Autriche s'agrandissent, si elle-même n'augmentait sa puissance territoriale ; sans cela elle regarderait comme entièrement rompu l'équilibre européen, déjà affaibli à son désavantage au Congrès de Vienne. Ce serait la faire descendre du rang que l'honneur national et l'intérêt même de sa conservation lui commandent de maintenir.* »

« Sa Majesté ne veut aucune augmentation du côté de l'Italie, et *ne re-*

cherche qu'un simple intérêt de préservation ; Elle ne fait que satisfaire au devoir qui lui est imposé de pourvoir à la sécurité de son peuple et de sa capitale.

« Lorsque la guerre se faisait par de lentes combinaisons et que les rigueurs de l'hiver en suspendaient la poursuite, la France pouvait voir sans inquiétude entre les mains d'une puissance étrangère une province telle que la Belgique aussi rapprochée de sa capitale, mais qui était alors ouverte et sans défense. Aujourd'hui, tout est changé : *la guerre se fait par des invasions subites et impétueuses dirigées contre les capitales*, et à la place d'une province détachée de l'Autriche se trouve un royaume compacte défendu par tous les travaux de l'art militaire. *L'Allemagne s'est couverte de forteresses* qui augmentent la confiance d'une armée envahissante en lui offrant des refuges en cas de revers, et *une armée prussienne est campée à soixante-dix lieues de Paris* (1). Dans cet état de choses, le roi ne saurait penser à des conquêtes lointaines ; Sa Majesté ne peut vouloir et ne veut que sortir de la situation très-défavorable où le Congrès de Vienne *nous* a placés.

« Ce sont ces considérations que vous aurez à faire valoir auprès de l'empereur Nicolas. Vous pourrez d'ailleurs faire connaître à Sa Majesté Impériale que le désavantage de notre position nous a imposé la loi de nous ménager des moyens de défense. Le roi aura avant trois mois, s'il est nécessaire, une armée de deux cent mille hommes, disponible pour faire valoir ses droits ou garantir l'exécution des arrangements garantis par lui. »

« En lisant cette dépêche de 1829, dit M. Muller dans *la Liberté* du 15 août 1868, et en se rappelant ces généreuses espérances, ces fières déclarations du gouvernement de Charles X, comment ne pas s'indigner à la pensée que la France pourrait se résigner à la situation que lui ont faite les événements de 1866 ! »

Au moment où la révolution de 1830 éclata, le traité d'alliance entre les deux souverains allait être signé sur ces bases, et l'on comprend que la duchesse d'Angoulême, qui parcourait alors la France, ait pu dire à un collégien de Dijon qui lui offrait une pièce de vers sur la conquête d'Alger : « C'est très-bien, monsieur, de chanter les victoires de notre armée ; mais la conquête d'Alger n'est rien auprès de ce que le roi projette. *Il rendra bientôt à la France les frontières qu'elle a perdues.* »

(1) Ne croirait-on pas lire un exposé de la situation actuelle ? Le danger cependant était bien moins grave alors qu'aujourd'hui.

IX

Nos conditions de sécurité, en 1869, sont bien inférieures à ce qu'elles étaient en 1815 et en 1830; car, au lieu d'une confédération organisée pour la défense et essentiellement conservatrice, nous avons à nos portes une monarchie militaire et agressive qui persiste à en garder les clefs.

Cette monarchie se trouve exactement, vis-à-vis de nous, dans la situation où nous serions vis-à-vis d'elle si nous occupions les forteresses des deux rives du Rhin, et des postes avancés au delà, sur les routes de sa capitale. Nous aurions beau lui faire alors toutes les protestations possibles, elle ne se trouverait rassurée que du jour où les mêmes obstacles s'opposeraient aux entreprises de l'une des deux puissances contre l'autre. Ce qu'elle nous demanderait dans ce cas avec toute justice, nous le lui demandons aujourd'hui, et elle nous répond en ajoutant de nouvelles fortifications à celles qui nous menaçaient déjà.

Tant que durera cette situation, la France devra rester sur le qui-vive et en armes, car les assurances que pourrait nous donner un État qui ne tient aucun compte des engagements les plus solennels ne signifieront jamais rien. Une loi bien supérieure à tous les protocoles nous est imposée d'ailleurs, celle de nous trouver constamment en mesure de protéger contre toute agression nos bassins de la Moselle, de la Meuse, du Rhin et des Vosges.

Il faut donc opter, comme l'a dit un éminent publiciste, entre *la paix armée à perpétuité*, appelant sous les drapeaux toute la génération de vingt à trente ans, ou la guerre.

Mais la paix armée, ce boulet que traînent en ce moment tous les peuples, et qui pèse d'un poids énorme sur tous les budgets, atteindrait, en se prolongeant, les sources mêmes de la prospérité des États. Elle ne peut donc durer indéfiniment, et ne résoudrait d'ailleurs jamais la question.

« Cette paix fiévreuse, disait il y a peu de temps la *Nouvelle Presse libre*, de Vienne, n'inspire de confiance à personne et aboutira fatalement à la guerre. »

C'est la guerre, en effet, qui est au bout de la situation, sous quelque point de vue qu'on l'envisage.

Mais, dans l'état actuel des relations internationales, la guerre serait une calamité pour tous, et l'on doit rechercher s'il n'existe pas quelque moyen de l'éviter.

Il n'y en a pas d'autre, il faut bien le reconnaître, que celui qu'indiqua d'abord M. de Girardin dans *la Liberté* :

« La formation d'un État intermédiaire entre la France et la Prusse, avec condition expresse et préalable de raser toutes les forteresses qui se trouvent entre les limites actuelles de la France et ses limites naturelles. »

On sait que cette solution a obtenu un grand succès d'hilarité dans l'armée prussïenne. Elle était cependant la seule qui pût empêcher un conflit !

Au mois de février dernier, un militaire du plus haut rang disait, devant un groupe assez nombreux :

« La France s'abaisserait à tout jamais si elle acceptait la paix telle qu'elle existe aujourd'hui. L'objectif de la politique française n'est point le Rhin ou n'importe quelle autre conquête. Elle cherche à établir les véritables conditions de l'équilibre européen, et la guerre sera évitée si nous obtenons des garanties sérieuses, telles que la neutralisation des provinces rhénanes ; mais si on nous les refuse, *elle éclatera nécessairement.* »

On pourrait à Berlin méditer ces paroles qui résument parfaitement la situation, au lieu de se livrer à des calculs pour le moins très-prématurés sur l'époque à laquelle l'armée prussienne établira ses avant-postes à Metz et viendra occuper Paris !

Le système de la paix armée, que quelques écrivains défendent encore, impose à tous les États des sacrifices immenses et qui, pour quelques-uns, sont même hors de proportion avec leurs ressources. Il arrête tous les développements, accumule les ruines et aggrave les difficultés. La Prusse, qui tient aujourd'hui sous sa domination les deux tiers de l'Allemagne, profiterait seule du *statu quo* pour absorber le reste ; et le sort du Hanovre, de la Hesse et de Francfort annonce clairement celui qu'elle réserve à la Bavière, au Wurtemberg, à l'archiduché d'Autriche et même à la Bohême, qu'elle enserre déjà au nord, au sud et à l'ouest. Elle signera des traités sans doute et laissera quelque temps un simulacre d'autonomie aux États confisqués ; mais on sait d'avance comment elle tiendra ses engagements léonins. La Saxe, aujourd'hui réduite à une existence purement nominale, malgré les stipulations si formelles du traité de Prague, est là pour servir d'exemple. Le roi Guillaume versera quelques larmes de crocodile sur le sort de ses victimes, et les engloutira comme les précédentes en leur conseillant la résignation. Il a déjà, dans la Baltique, des ports qui le mettent en communication plus intime avec les provinces allemandes de la Russie, et tôt ou tard revendiquera l'Esthonie et Riga surtout, comme héritier de l'ordre Teutonique, de la même façon qu'il a réclamé Kiel comme héritier des princes de Holstein. Il lui faudra ensuite un port sur l'Adriatique, et Trieste sera trop à sa convenance pour qu'il ne se trouve pas aussi quelques droits à la possession de l'Illyrie. Les Illyriens ne sont-ils pas Slaves, et la Prusse n'est-elle pas ce qu'elle veut, comme la chauve-souris de la fable ?

Et quand cette œuvre sera accomplie, quand il n'y aura plus sous la Prusse qu'une Allemagne avilie, résignée à son esclavage et instrument d'esclavage pour les autres peuples, la même question qui nous préoccupe se dressera devant nous plus menaçante qu'aujourd'hui, et nous devrons la résoudre, coûte que coûte, sous peine de mort nationale.

Voilà à quels résultats nous conduirait un *statu quo* ruineux et honteux !

Il ne reste donc qu'un parti à prendre : la guerre !

Calculez ce que coûte à l'Europe, en forces vives perdues, la fausse paix dont nous jouissons, et vous conviendrez qu'au point de vue économique, comme à celui de l'honneur national, la guerre est préférable à l'état de choses actuel.

Une des raisons qui font croire à M. Guizot que la paix sera maintenue *quand même*, c'est que, d'après lui, Napoléon III, affaissé par l'âge, est plus disposé à la paix qu'à la guerre (1).

Si cela était, nous n'aurions plus qu'à baisser la tête quand on prononcerait devant nous le nom de France ; mais notre patrie n'est pas tombée si bas que ses destinées puissent dépendre de l'affaissement physique ou moral

_____
(1) *Revue des Deux-Mondes*, du 15 mai 1868.

d'un homme ; et pour faire justice d'une telle opinion, il suffit de rappeler le prodigieux succès de l'emprunt émis pour transformer l'armement national.

Il n'est donc pas exact que la France veuille la paix « de toute l'énergie de sa volonté, » et réclame la suppression immédiate de l'armée, comme l'ont prétendu dans leurs circulaires MM. Jules Simon et d'Alton-Shée. Elle veut précisément tout le contraire, *en ce moment,* mais voudra sans doute ce que demandent ces honorables utopistes, lorsque le torrent prussien sera rentré dans son lit.

C'est à ce résultat, à ce triomphe du droit sur la force, que nous devons tendre d'abord, hommes de tous les partis, et ce n'est pas avec des bucoliques que nous y arriverons. Nous ne devons pas oublier que l'attitude pacifique recommandée par les mêmes hommes en 1866, et malheureusement adoptée par la France, a encouragé les appétits de la Prusse au lieu de les modérer.

« La nécessité des revendications françaises, disait récemment le journal *la Presse*, rendra populaire une campagne *indispensable*, et qui ne pourra soulever la famille allemande, notre programme restant limité à des points très-précis de défense légitime, sans atteinte à l'autonomie des provinces rhénanes ni à l'indépendance de la Belgique. »

Tel est en effet notre but, et nous devons le proclamer à l'avance, pour prévenir toute équivoque. Les provinces rhénanes n'ont aucune envie, que nous sachions, de devenir françaises, et si nous faisions la guerre pour les conquérir, nous n'aurions plus le droit de reprocher à la Prusse ses violences contre d'autres peuples.

X

La guerre est donc inévitable, et il ne reste qu'à savoir à quel moment et sous quel prétexte elle éclatera.

L'armée prussienne est brave assurément, mais l'armée française n'a pas dégénéré. L'organisation militaire de la Prusse n'a plus d'ailleurs la supériorité relative qu'elle avait en 1866, et celle de la France a réalisé tous les perfectionnements qu'on pouvait espérer.

La Prusse n'est pas homogène. C'est un conglomérat de peuples divers juxtaposés, mais non fondus encore, et qui n'aspirent qu'à se séparer. Dans cet étrange assemblage, les Saxons, les Hessois, les Hanovriens ne s'entendent pas mieux que les Bohémiens de la Silésie et les Suédois de la Poméranie avec les Pseudo-Allemands qui les ont soumis au joug, et les Polonais du grand-duché de Posen sont opposés de mœurs et de langage aux uns comme aux autres.

Ces divers éléments se retrouvent dans l'armée, qui se compose, comme chez nous, de la levée permanente et de la réserve, avec cette différence toutefois que *tous* les sujets prussiens sont obligés de servir activement pendant trois années. Ils sont alors renvoyés dans leurs foyers, où ils forment, jusqu'à 25 ans, la *Réserve de guerre*, et passent ensuite dans la *Landwehr* du premier ban, où ils restent jusqu'à 30 ans, puis dans celle du second ban, destinée, en cas de guerre, à servir à l'intérieur, et dont ils ne sont libérés qu'à l'âge de 39 ans (1).

La Prusse, par ce système, semble avoir résolu le problème de pouvoir mettre sur pied des forces beaucoup plus considérables qu'aucun autre État;

____

(1) Cette organisation même rend illusoire toute réduction d'effectif, et ne permet pas, tant qu'elle sera debout, de songer à un désarmement.

mais le tiers au moins de son effectif réel n'est composé que de recrues, et la plupart des soldats de ses trois réserves sont mariés. Elle a de bons cadres, ce qui est important ; mais l'énorme différence qui existe entre les dépenses de l'armée sur le pied de paix et celles qu'exige le pied de guerre épuiserait bientôt ses ressources si cette situation se prolongeait.

Lorsque le nombre d'hommes appelés sous les armes est supérieur à celui que la population peut fournir sans se priver des bras nécessaires à l'agriculture et à l'industrie, la force militaire apparente n'est qu'une faiblesse déguisée, parce que la production se trouve inférieure à la consommation, et que l'État, dès lors, n'a plus les moyens d'entretenir son armée. La Prusse elle-même nous en fournira prochainement la preuve. Nous n'avons pas comme elle 1,400,000 hommes sur les rôles ; mais notre armée est homogène, et, pour la conduire, nous avons trois généraux de premier ordre.

En comparant les ressources de toute nature dont les deux pays peuvent disposer, on arrive à cette conviction que la lutte sera courte et ses résultats tels que peuvent le souhaiter les amis de la paix et de la civilisation. Le monstrueux édifice que l'ambition et la mauvaise foi de la Prusse ont élevé s'écroulera comme un château de cartes, et les peuples qu'elle a écrasés reprendront leurs droits. Toutes les fortifications de la rive gauche du Rhin seront rasées, mais les provinces rhénanes seront constituées selon leurs vœux et leur neutralité sera solennellement reconnue. Ainsi du moins elles pourront se relever des désastres que la guerre aura attirés sur elles et n'auront plus à en craindre le retour.

La Prusse rhénane, dans le remaniement qui se fera alors, pourra se donner à la Belgique, dont les limites orientales seront naturellement tracées par le Rhin et la Moselle. Rien ne s'opposera même, dans ce cas, à ce que les fortifications de Cologne soient conservées. Il suffira pour notre sécurité que cette citadelle ne se trouve plus entre les mains de la Prusse.

L'unité germanique pourra s'accomplir alors conformément aux aspirations des peuples allemands, et la France entière y applaudira ; car elle sera la base naturelle de l'équilibre européen, et la question du désarmement, qui est encore une utopie, se posera d'elle-même. La proportion des armées permanentes à la population des États, qui est aujourd'hui d'un homme environ sur cent individus, pourra d'un commun accord être fixée, en attendant mieux, à un homme sur deux cents âmes, et la Prusse, aujourd'hui l'esclave de son iniquité et le fléau des peuples, profitera la première du triomphe qu'aura remporté le droit sur la violence.

Mais, pour obtenir ces grands résultats, il faut vouloir résolûment la guerre !

L'Angleterre, qui ne vise qu'à établir l'équilibre continental et ne veut pas plus de la prépondérance de la Prusse que de celle de la France, gardera évidemment une stricte neutralité, et se bornera, le moment venu, à proposer les bases d'un arrangement solide et durable.

La Russie, comme l'a très-bien fait remarquer le *Times*, n'a pu voir d'un œil indifférent la prussification de l'Allemagne et des duchés de l'Elbe, qui la condamnerait dans un avenir prochain à une humiliante vassalité dans la Baltique. Elle ne peut ignorer l'ébranlement profond qu'ont occasionné, dans l'Église luthérienne de ses provinces occidentales, les événements de 1866, et n'est pas assez dépourvue de sens politique pour travailler de ses mains au développement d'un état de choses qui la menace si directement. Elle restera donc spectatrice de la lutte et verra avec une satisfaction contenue, mais très-vive au fond, le roi Guillaume évacuer le Holstein, où il établit en ce moment son arsenal.

Un regrettable désaccord s'est malheureusement produit au sujet de Rome entre l'Italie et nous ; mais des intérêts permanents nous unissent, et tout nous assure que, dans le conflit qui se prépare, elle gardera vis-à-vis de nous une neutralité sympathique.

L'Autriche, qui a été victime d'un odieux guet-apens en 1866, doit évidemment s'allier à nous, si elle veut vivre ; car le maintien du système organisé contre elle par la Prusse aurait pour conséquence inévitable son effacement du rang des nations. Elle ne peut oublier que la Prusse n'a pas hésité à s'allier avec l'Italie pour écraser l'Allemagne, et les engagements que nous avons déjà pris sans doute vis-à-vis d'elle ont dû la rassurer contre tout projet de nous annexer une seule parcelle du territoire allemand. En recouvrant la Silésie, elle pourra céder à Victor-Emmanuel le Tyrol italien, et, par ce léger sacrifice, écarter pour l'avenir tout risque de conflit.

Le Danemark a été justement froissé de l'abandon où nous l'avons laissé en 1864, et l'idée d'une alliance avec nous y compte aujourd'hui très-peu de partisans ; mais il est probable cependant que le sentiment national poussera le roi Christian, quand la guerre aura éclaté, à revendiquer le Sleswig et à faire un suprême effort pour obtenir satisfaction.

La Prusse sera donc seule, et ce n'est pas chose à dédaigner, même sur les champs de bataille, que la force morale et la conscience du droit.

Cet isolement même de la puissance qui par ses agressions aura provoqué la guerre, sera la meilleure garantie d'un prompt retour à la paix et d'une solution équitable de toutes les difficultés.

Nous faisons peu de cas de ce patriotisme géographique qui s'arrête aux fleuves et aux chaînes de montagnes, et nous pourrions dire, comme le vieillard de Térence, que rien de ce qui touche l'humanité ne nous est indifférent; mais nous aimons la France avant tout. Nous souhaitons que l'Allemagne soit grande, forte et unie; mais nous nous indignons qu'on prétende, en son nom et après l'avoir écrasée, nous imposer une situation intolérable et déshonorante. Entreprise pour y mettre un terme, la guerre sera énergiquement soutenue par l'opinion publique; mais, comme l'a dit M. Thiers, il faut que ce soit la nation libre, et non la volonté d'un homme, qui prononce souverainement sur cette grave question.

Le malheureux Charles VI se plaignait un jour d'entendre crier autour de lui : Vive Armagnac ! vive Bourgogne ! et demandait pourquoi on ne criait pas : Vive France !

A la veille des événements qui se préparent, nous souhaiterions aussi qu'on fît trève à tous les dissentiments et qu'on n'entendît qu'un cri qui annoncerait à tous les peuples l'abdication du pouvoir personnel et l'avénement du droit nouveau :

Vive France !

Les publications suivantes, du même auteur, paraîtront successivement, et aux mêmes conditions, le 1er et le 15 de chaque mois, à partir du 1er août 1869 :

1. **La Littérature et l'état social.**
2. **Les grands problèmes de l'humanité.**
3. **Le Surnaturel et les lois de la nature.**
4. **La Raison, la Science et la Foi.**
5. **La Religion naturelle et la Morale indépendante**
6. **Le Matérialisme et la Liberté.**
7. **Le Christianisme et la Civilisation** (1re partie).
8. **—   —   —** (2e partie).

SOUS PRESSE

Le Panorama des Langues. Précédé d'une introduction sur l'origine de la parole humaine. Prix 50 centimes.

Paris. — Typ. JANNIN, 13, quai Voltaire.